Jimmy veut manger une pomme

1

Trouves la pomme:

La pomme

La banane

Le melon d' eau

Des pommes

JIMMY

et les fruits

MARYAM AGUENAGAY

Jimmy et les fruits

Jimmy veut manger deux oranges.

2

L' orange

La pomme

La banane

Des oranges

Jimmy veut manger
deux oranges.

2

L' orange

La pomme

La banane

Des oranges

Jimmy veut manger **trois fraises.**

Trouves la fraise:

La fraise

L'orange

La pomme

Des fraises

Jimmy veut manger quatre poires.

4

Trouves la poire :

La poire

La fraise

Le melon d' eau

Des poires

Jimmy veut manger
cinq ananas

5

Trouves l'ananas :

L' ananas

La poire

La fraise

Des ananas

Jimmy veut manger six cerises.

6

Trouves les cerises :

Des cerises

L' orange

L' ananas

Des cerises

Jimmy veut manger **sept morceaux de melon d'eau.**

7

Trouves le melon d'eau :

Le melon d' eau

Les cerises

La pomme

Des melon d' eau

Jimmy veut manger huit raisins.

8

Trouves les raisins :

Les raisins

Le melon d' eau

La poire

Les raisins

Jimmy veut manger neuf bleuets.

9

Trouves les bleuets :

Les bleuets

Les raisins

Les cerises

Les bleuets

Jimmy veut manger **dix framboises.**

10

Les bleuets

Les framboises

Les framboises

Les cerises